BEI GRIN MACHT SICH IHR WISSEN BEZAHLT

- Wir veröffentlichen Ihre Hausarbeit, Bachelor- und Masterarbeit

- Ihr eigenes eBook und Buch - weltweit in allen wichtigen Shops

- Verdienen Sie an jedem Verkauf

Jetzt bei www.GRIN.com hochladen und kostenlos publizieren

Bibliografische Information der Deutschen Nationalbibliothek:

Die Deutsche Bibliothek verzeichnet diese Publikation in der Deutschen National-
bibliografie; detaillierte bibliografische Daten sind im Internet über http://dnb.d-
nb.de/ abrufbar.

Impressum:

Copyright © 2018 GRIN Verlag
Druck und Bindung: Books on Demand GmbH, Norderstedt Germany
ISBN: 9783346094797

Dieses Buch bei GRIN:

https://www.grin.com/document/513614

Anna-Marie Vitzthum

Entspannungsverfahren. Eine Einführung in die Durchführungsprinzipien, Wirkungsweisen sowie Effekte von Autogenem Training und Progressiver Relaxation

GRIN Verlag

GRIN - Your knowledge has value

Der GRIN Verlag publiziert seit 1998 wissenschaftliche Arbeiten von Studenten, Hochschullehrern und anderen Akademikern als eBook und gedrucktes Buch. Die Verlagswebsite www.grin.com ist die ideale Plattform zur Veröffentlichung von Hausarbeiten, Abschlussarbeiten, wissenschaftlichen Aufsätzen, Dissertationen und Fachbüchern.

Besuchen Sie uns im Internet:

http://www.grin.com/

http://www.facebook.com/grincom

http://www.twitter.com/grin_com

Entspannungsverfahren

– Eine Einführung in die Durchführungsprinzipien, Wirkungsweisen sowie Effekte von Autogenem Training und Progressiver Relaxation-

Schriftliche Ausarbeitung zum Referat
im Modul Klinische Psychologie

des Masterstudiengangs
Klinische Psychologie und Psychologisches Empowerment

an der MEU Magdeburg / FH Nordhessen

von Anna-Marie Vitzthum

im WS 2018/19

Inhaltsverzeichnis

1 Einleitung

Entspannung wird oft mit Worten wie „Erholung, Ruhe [oder] Wohlbefinden" assoziiert (Ruhl, Hach & Wittchen, 2011, S.588). Sie ist ein uns innewohnendes, natürliches Reaktionsmuster unseres Verhaltensrepertoires und beschreibt den Gegenpol zur Anspannung bzw. Aktivierung. Ein Gleichgewicht zwischen Anspannung und Entspannung im Leben sowie im Alltag sind essentiell für die Aufrechterhaltung und Entstehung von Gesundheit (Derra, 2017; Petermann & Vaitl, 2014).

1.1 Begriffsklärung

Ebert und Kowalsky (2012, S. 107) definieren *Entspannung* als „das Absenken des psychophysiologischen Erregungsniveaus eines Organismus".

Entspannungsverfahren sind dementsprechend Methoden, die „eine Entspannungsreaktion herbei führen" (Ruhl et al., 2011, S. 588).

1.2 Wirkung und Wirkprinzipien

Die Absenkung des Arousalniveaus lässt sich auf körperlicher und psychologischer Ebene beschreiben. Die psychologische Ebene umfasst Kognitionen, Affekte und das Verhalten (Petermann & Pätel, 2009).

1.2.1 Entspannungsreaktionen auf der psychologischen Ebene

Derra (2017) beschreibt für die kognitive, affektive und die Verhaltensebene eine veränderte Körperwahrnehmung, verstärkte Schläfrigkeit, die Erhöhung von Wahrnehmungsschwellen und ein distanziertes Erleben der Umwelt als Auswirkungen von Entspannung. Außerdem wird das Denken assoziativer. Es kann zu einem erhöhten Auftreten bildhafter Gedanken kommen.

Weitere psychologische Reaktionen werden in den jeweiligen Abschnitten zum autogenen Training bzw. der progressiven Relaxation aufgegriffen.

1.2.2 Entspannungsreaktionen auf der körperlichen Ebene

Die anfangs genannte Polarität bzw. das Kontinuum zwischen Anspannung und Entspannung findet ihre biologische Entsprechung im Wechselspiel zwischen sympathischem und parasympathischen Nervensystem. Der Organismus ist am flexibelsten, wenn sich beide in Homöostase befinden. Aus diesem Zustand heraus ist es leichter, tiefere Entspannung zu induzieren, aber ebenso weitere Kraftreserven für Arousalzustände aufzubringen. Allerdings entspricht dieses anschauliche Bild nur einer vereinfachten Darstellung der tatsächlich ablaufenden komplexen biologischen Vorgänge, da die Wirkungen der Systeme oftmals miteinander verflochten sind (Derra, 2017). Eine Darstellung dieser, zum Teil noch nicht abschließend ergründeten Mechanismen würde den Rahmen dieser Abhandlung sprengen.

Die Interpretation dessen, was ein Mensch als entspannend empfindet, übernimmt das Gehirn. Auf neuronaler Ebene sei hier insbesondere das serotonerge System zu nennen, das maßgeblich an der Empfindung von Entspannung beteiligt ist. Der Neuromodulator Noradrenalin wirkt aktivierend, Serotonin dämpfend. Dopamin beeinflusst das Wohlbefinden (Derra, 2017).

Entspannungseffekte werden im Hinblick auf ihre zeitliche Wirkung in kurzfristige und langfristige Effekte unterteilt. Kurzfristige körperliche Entspannungsanzeichen sind in Tabelle 1 aufgeführt:

Tabelle 1. Physiologische Kennzeichen einer Entspannungsreaktion nach Petermann & Vaitl (2014, S. 36)

Neuromuskulär	Kardiovaskulär	Respiratorisch	Elektrodermal	Zentralnervös
• Abnahme des Skelettmuskulaturtonus • verminderte Reflexe	• Periphere Gefäßerweiterung • geringfügige Verlangsamung der Herzrate • Zunahme der Herzratenvariabil ität • Senkung des arteriellen Blutdrucks	• Abnahme der Atem-frequenz • Gleichmäßigkeit der Atemzyklen • Abnahme des Sauerstoffverbrauchs	• Abnahme der Hautleitfähigkeit • Abnahme der Spontanfluktuati onen	• Veränderung der hirnelektrischen Aktivität • Veränderung der neurovaskulären Aktivität

Durch regelmäßiges Üben stellen sich zusätzlich langfristig verschiedene Wirkungen auf intestinale und metabolische Vorgänge, die physiologische Stressabwehr, den Neurotransmitterhaushalt sowie das hormonelle Gleichgewicht ein. Außerdem zeigen sich, positive Einwirkungen auf das Immunsystem und die Stabilisierung von Biorhythmen wie auch Veränderungen der hirnelektrischen Aktivität (Derra, 2017).

1.2.3 Abgrenzung des Entspannungszustandes vom Schlaf

Entspannung unterscheidet sich vom Zustand des Schlafens. Während des Einschlafprozesses zeigen sich charakteristische EEG-Muster: Die Grundfrequenz des alpha-Rhythmus wird geringer und theta-Wellen kommen hinzu. Treten sogenannte K-Komplexe und Schlafspindeln auf, ist die Phase des leichten Schlafes erreicht. Kurz darauf setzt bereits die Tiefschlafphase ein. Dieser Übergang von Wachheit zum Tiefschlaf geht sehr rasch von statten. Der veränderte Bewusstseinszustand des Entspannens ist, jedoch eher zwischen Wachheit und leichtem Schlaf anzusiedeln. Die Vigilanz ist eingeschränkt, doch die Fähigkeit, den Einschlafprozess zu unterbrechen noch gegeben (Petermann & Vaitl, 2014). Trotz der psychophysiologischen Passivität besteht also weiterhin ein gewisses Maß an Aktivität. Auch die Fähigkeit der Selbstverfügung bleibt vorhanden. Darüber hinaus treten während der Entspannung selbst keine Erinnerungslücken auf (Hoffmann, 2004).

1.3 Allgemeines zur Anwendung

Entspannungsverfahren können allein oder in der Gruppe erlernt werden. Letzteres gilt insbesondere für die weiter unten behandelten Techniken der progressiven Relaxation und des autogenen Trainings (Derra, 2017). Anhand der oben aufgeführten Veränderungen im Organismus während des Entspannungszustandes gilt es, einige Rahmenbedingungen zu beachten, um die Entwicklung von Entspannungseffekten zu fördern. Zum Einen sollte die äußere Umgebung während der Entspannungssituation möglichst reizarm und frei von Störungen sein. Dies ist insbesondere in der Anfangsphase von hoher Bedeutung, da die Wahrnehmungsschwelle niedriger liegt, was den Prozess des Entspannens schnell unterbrechen kann. Zum Anderen sollte der Tendenz zum Einschlafen vorgebeugt werden, indem beispielsweise im Sitzen anstatt im Liegen entspannt wird oder Tageszeiten gewählt werden, zu denen kaum Erschöpfung oder Müdigkeit zu verzeichnen ist (Petermann & Vaitl, 2014).

Besonders in der Anfangsphase des Erlernens von Entspannungsverfahren kann es zu physiologischen Fehlregulationen während der Übungen kommen, die sich in Herzrasen, Zittern, Schweißausbrüchen, Ohnmacht und unerklärlichen Schmerzzuständen manifestieren. Oftmals können diese Effekte durch Aufarbeitung in Gesprächen mit dem Übungsanleiter aufgelöst werden. Bleiben sie jedoch bestehen oder verstärken sich, sollte das Erlernen der jeweiligen Technik zum Abbruch kommen. Dies legt nahe, dass das Einüben der Methoden unter fachkundiger Anleitung durch ausgebildete Kursleiter erfolgen sollte (Petermann & Vaitl, 2014).

In der klinischen Anwendung werden Entspannungsverfahren in der Regel ergänzend zu anderen Therapiemaßnahmen eingesetzt (Derra, 2017).

1.4 Arten von Entspannungsverfahren

Reschke (2016) unterscheidet verschiedene Formen der Entspannungstherapie. Unter *autosuggestive* Verfahren fallen beispielsweise autogenes Training oder Meditation. Hypnose hingegen ist eine *fremdsuggestive* Methode. Suggestion meint die Beeinflussung eines Individuums im Hinblick auf Denken, Fühlen und Wollen, wobei rationale Persönlichkeitsanteile umgangen werden (Dorsch, 1994). Im *medienunterstützten* Bereich liegen Biofeedback sowie die rezeptive Musiktherapie. Zu den *körper- und bewegungsbezogenen* Verfahren zählen progressive Relaxation oder Tai Chi. Alle genannten Formen sind aktive Entspannungstechniken, die im Bereich der Psychologie bzw. Psychotherapie ihre Anwendung finden. Darüber hinaus gibt es innerhalb der Medizin jedoch auch passive Therapien im Sinne *physiotherapeutischer* Anwendungen wie Massagen oder Bäder bzw. *medizinisch-pharmakologische* Maßnahmen wie die Gabe von Sedativa.

Für die Klinische Psychologie sind nach Ruhl und Kollegen (2011) insbesondere fünf Hauptgruppen von Entspannungsverfahren relevant: Hypnose, autogenes Training, Meditationsverfahren, progressive Relaxation, imaginative Verfahren und Biofeedback. Die Gruppen unterscheiden sich nach der Art der Entspannungsreaktion sowie der

Entspannungsinduktion. Autogenes Training und progressive Relaxation sind als reine Entspannungsverfahren zu betrachten. Anderen Methoden wohnt die Entspannungsreaktion lediglich als nur ein Teil ihrer Wirkung inne. In der Regel werden verschiedene Verfahrensgruppen in der Anwendung gekoppelt.

2 Progressive Relaxation (PR)

Die Progressive Relaxation wird auch als *Progressive Muskelrelaxation* (PMR) oder *Progressive Muskelentspannung* bezeichnet. Sie geht auf den amerikanischen Arzt und Therapeuten Edmund Jacobson zurück. Ein großer Vorteil dieser Methode liegt in ihrer leichten Erlernbarkeit. Heute ist die Progressive Relaxation eines der am häufigsten eingesetzten Entspannungsverfahren (Derra, 2017).

2.1 Grundprinzip

Die Technik ist ein Verfahren, das sich auf die Sensorik bezieht (Petermann & Pätel, 2009). Es nutzt die wiederholte Anspannung und Entspannung bestimmter Muskelpartien. Das Ziel der progressiven Relaxation liegt darin, ein Gespür für die eigenen Muskeln zu entwickeln. Dabei sollen selbst geringfügige Anspannungen entdeckt und abgebaut werden. Es wird in Jacobsons Ursprungsvariante explizit auf suggestive Elemente verzichtet, die jedoch anteilig in spätere Verfahren integriert sind (Hamm, 2014).

Perspektivisch soll die übende Person in die Lage versetzt werden, bei sich selbst einen Entspannungszustand zu induzieren (Grawe, Donati & Bernauer, 1994).

2.1.1 Durchführung

In der Regel werden die Übungen im Sitzen durchgeführt. Die Anwendung im Liegen ist ebenso möglich. Dazu müssen einige Anweisungen gegebenenfalls modifiziert werden. Grundlegend werden nach der Entspannungseinleitung für jede Muskelgruppe dieselben Aktionen durchgeführt. Zunächst soll die jeweilige Muskelgruppe für ein bis zwei Minuten (nach neueren Konzepten 5-7 Sekunden) angespannt werden. Während dieser Anspannungsphase werden die Empfindungen in der angespannten Region genau beobachtet. Im Anschluss wird dieselbe Körperpartie für drei bis vier Minuten (nach neueren Konzepten 45-60 Sekunden) locker gelassen und so gut es geht zu entspannen versucht. Auch dabei liegt der Fokus auf der Wahrnehmung der aufkommenden Empfindungen. Die Instruktionen für die jeweilige Muskelgruppe wird dreimal wiederholt (Hamm, 2014; Ruhl et al., 2011).

In die Ursprungsvariante von Jacobson waren 30 Muskelgruppen integriert. Aktuell wird jedoch in der Regel auf eine Variante mit 16 Muskelgruppen zurückgegriffen, die Bernstein und Borkovec (1973) entwickelten und welche in Tabelle 2 dargestellt werden:

Tabelle 2. Übersicht über die 16 Muskelgruppen der progressiven Relaxation (Ruhl et al., 2011, S. 593)

1. Dominante Hand und Unterarm	
2. Dominanter Oberarm	Armübungen
3. Nicht dominante Hand und Unterarm	
4. Nicht dominanter Oberarm	
5. Stirn	
6. Obere Wangenpartie und Nase	Übungen der Gesichtsregion
7. Untere Wangenpartie und Kiefer	
8. Nacken und Hals	
9. Brust, Schultern und obere Rückenpartie	Brust, Schultern und obere Rückenpartie
10. Bauchmuskulatur	
11. Dominanter Oberschenkel	
12. Dominanter Unterschenkel	
13. Dominanter Fuß	Beinübungen
14. Nicht dominanter Oberschenkel	
15. Nicht dominanter Unterschenkel	
16. Nicht dominanter Fuß	

Eine beispielhafte Anweisung für den rechten Unterschenkel kann lauten: „Spannen Sie Ihre rechte Wade an, in dem Sie den Fuß leicht nach oben ziehen...Spüren Sie die Anspannung?...Und nun entspannen Sie wieder. Lassen Sie alle Anspannung aus Ihrer Wade entweichen." (Reschke, 2016).

2.1.2 Wirkmechanismen

Die progressive Relaxation basiert auf der Beeinflussung des Muskeltonus. Reschke (2016) spricht von einem Bottom-Up-Prozess, bei dem die physiologische Entspannung eine mentale hervorruft. Der Muskeltonus soll durch die wiederholte bewusste An- und Entspannung der Muskulatur herabgesetzt werden. Allerdings ist zu beachten, dass es gerade in der Lernphase nicht sofort zu einer Abnahme der muskulären Anspannung kommt. Dieser Effekt stellt sich erst mit der Zeit ein. Die Entspannungsreaktion erfolgt vermutlich stärker auf neurobiologischer Ebene (Derra, 2017). Jacobson (1929, zitiert nach Derra, 2017, S. 9) ging davon aus, dass die muskulären Veränderungen Einfluss auf den Gesamtorganismus über die Verringerung der Aktivität des zentralen Nervensystems sowie die Einwirkung auf viszerale Systeme nehmen. Wie oben beschrieben, ist im Falle von Anspannung der Sympathikus aktiviert, im Falle der Entspannung der Parasympathikus. Durch den bewussten Wechsel dieser Zustände kommt es zur Entwicklung eben jenes Gleichgewichts, welches die Flexibilität des Organismus erhöht (Derra, 2017).

Darüber hinaus sei der Carpenter-Effekt zu nennen, der beschreibt, dass bereits die Beobachtung und Vorstellung bestimmter Bewegungen muskuläre Bewegungsimpulse auslöst. Dieser Effekt lässt sich auch auf die Vorstellung von Worten wie „Muskelentspannung" übertragen und findet seine Entsprechung in der Aufforderung zum Loslassen der Muskelanspannung in der progressiven Relaxation (Derra, 2017).

Ein weiterer Wirkmechanismus bezieht sich auf die Schulung der Wahrnehmung selbst kleinster muskulärer Anspannungen. Je ausgeprägter diese Fähigkeit ist, desto eher kann regelmäßige Entspannung in den Alltag integriert werden. Während der Übungen selbst, bewirkt die bewusste Anspannung die Lenkung der Aufmerksamkeit hin zu diesen Vorgängen. Die Wahrnehmung wird dabei nicht nur auf physiologische innere Vorgänge (Interozeption), sondern ebenso auf mentales Empfinden gelenkt (Derra, 2017).

2.1.3 Psychologische Effekte

Durch die Anwendung des Verfahrens werden, neben dem Erleben mentaler Frische und einer verbesserten Stressabwehr, eine differenziertere Wahrnehmung des eigenen Körpers sowie das Erleben von Selbstkontrolle gefördert. Die Aufmerksamkeitslenkung wird trainiert, ebenso wie die Distanzierung von inneren Störfaktoren wie Angst und Anspannung. Auch die Abschirmung von Außenreizen durch eine Erhöhung der Wahrnehmungsschwelle kann besser gelingen. Dies führt in der Folge zu einer erhöhten emotionalen Ausgeglichenheit. Langfristig können sich dadurch persönliche Einstellungen, Bewältigungsstrategien und die Genussfähigkeit auf positive Weise verändern (Derra, 2017).

2.2 Einsatzgebiete

Die progressive Relaxation kann nach Derra (2017) bereits ab dem 4. Lebensjahr erlernt werden. Allerdings empfiehlt die Deutsche Gesellschaft für Entspannungsverfahren (DG-E, 2015) das 6. Lebensjahr als frühesten Beginn des Einübens der Technik.

Im präventiven Bereich ist das Verfahren besonders geeignet, um störende Gefühlsschwankungen abzuschirmen, wodurch es indirekt zu erhöhten Lern- und Gedächtnisleistungen kommen kann. Weiterhin sind Verbesserungen der Erholungs- und Schlaffähigkeit sowie der peripheren Durchblutung möglich. Schmerzwahrnehmungen können sich verringern. So kann das Verfahren, ähnlich dem autogenen Training, beispielsweise zur Geburtsvorbereitung, in Lernkontexten, zur Stressprävention und im Leistungssport eingesetzt werden (Derra, 2017).

Im klinischen Bereich zielt die progressive Relaxation vornehmlich auf Unterstützung bei der Krankheitsbewältigung, die Verringerung von krankheitsbedingtem Stress, aber auch die direkte Symptomveränderung ab. Besonders im Bereich der Behandlung von Spannungskopfschmerz, Migräne, Rückenschmerzen, Hypertonie, Schlafstörungen und bei der Desensibilisierung im Rahmen der Behandlung von Angsterkrankungen wird diese Technik eingesetzt. In letztgenanntem Kontext unterstützt sie die Habituationsprozesse während der Desensibilisierung (Derra, 2017).

2.3 Kontraindikation

Allgemein sollte die progressive Relaxation nicht angewandt werden, wenn Motivationsprobleme vorliegen oder unrealistische Erwartungen an die Wirkung der Methode gestellt werden, die sich über Gespräche nicht auflösen lassen. Absolute Kontraindikation besteht bei akuten Psychosen, Verwirrtheitszuständen sowie bei Muskel- und neurologischen Systemerkrankungen, bei denen eine Muskelkontraktion zu einer Verschlechterung der Krankheit führt. Die Neigung zur Überanstrengung und Muskelkrämpfe sind als relative Kontraindikationen zu werten. Selbiges gilt für spezielle Krankheitsbilder wie beispielsweise Fibromyalgie, bestimmte gastro-intestinale oder Herz-Kreislauferkrankungen. Im Bereich psychischer Störungen liegen relative Kontraindikationen insbesondere bei schweren Persönlichkeits- oder Zwangsstörungen, Hypochondrie und schwerer Depression vor (Derra, 2017; DG-E, 2015).

2.4 Wirksamkeit

Zur Wirksamkeit der progressiven Relaxation wurden unzählige Studien veröffentlicht. Jedoch liegt ein Problem darin, dass sich die Durchführung der Technik innerhalb der Untersuchungen teilweise gravierend unterscheidet. So resümiert Hamm (2014), dass es starke Inkonsistenzen in den Befunden zu den physiologischen Effekten gibt, da sich Untersuchungssettings, aber auch der Zeitraum der Anwendung sehr unterschiedlich gestalteten. Es lässt sich jedoch festhalten, dass es zur Verringerung einzelner körperlicher Arousalanzeichen kommt. Darüber hinaus wirkt sich die Methode jedoch positiv auf die emotionale Lage in Stresssituationen aus und kann die individuell erlebte Intensität von Schmerzen reduzieren. Nicht nachgewiesen wurde dagegen bisher die postulierte Herabsetzung der Aktivität des sympathischen Nervensystems.

Derra (2017) kommt zu dem Schluss, dass die Technik im Vergleich zu anderen Methoden wie Biofeedback oder autogenem Training in Bezug auf die physiologische Entspannung verhältnismäßig schlecht abschneidet. Im klinischen Bereich scheinen die Effekte der progressiven Relaxation hingegen deutlicher zum Vorschein zu kommen. In einer Metaanalyse von Grawe et al. (1994) zur Wirksamkeit des Verfahrens im klinischen Kontext, in die 66 Studien einbezogen wurden, fanden sich in einer deutlichen Mehrheit der Untersuchungen signifikante Verbesserungen der vegetativen Stabilität wie auch der jeweils untersuchten Beschwerdesymptome. Positive Auswirkungen im sozialen Bereich zeigten sich bei der Hälfte, eine Steigerung der allgemeinen Befindlichkeit bei über der Hälfte der Studien.

Zusammenfassend kann die progressive Relaxation insbesondere in der Kombination mit anderen therapeutischen Maßnahmen als wertvolles Werkzeug betrachtet werden.

3 Autogenes Training (AT)

In den 1920er Jahren entwickelte der deutsche Nervenarzt Johannes Heinrich Schultz das autogene Training. Die Basis dafür bildeten seine Beobachtungen, die er in Hypnosesitzungen gemacht hatte. Das autogene Training wird auch als *konzentrative Selbstentspannung* bezeichnet (Ruhl et al., 2011).

3.1 Grundprinzip

Autogen meint „aus eigenen Kräften, von innen heraus erfolgend" (Dudenredaktion, o.J.). Kognitionen spielen hierbei eine besondere Rolle (Petermann & Pätel, 2009). Im Gegensatz zur Hypnose als fremdsuggestives Verfahren, welches immer von außen angeleitet wird, besteht das Ziel des autogenen Trainings darin, sich nach Erlernen der Technik selbst anzuleiten. Es ist, wie die meisten Entspannungsmethoden, ein übendes Verfahren, welches über einen längeren Zeitraum unter professioneller Anleitung durchgeführt werden muss, damit entsprechende Effekte auftreten (Petermann & Vaitl, 2014).

3.1.1 Die Stufen des autogenen Trainings

Das Autogene Training unterscheidet Übungen der Grundstufe, der Oberstufe sowie spezielle Übungen, die formelhafte Vorsatzbildungen oder organspezifische Formeln beinhalten (Reschke, 2016). Die Übungen der Oberstufe, die meditative und provokative Elemente umfassen sowie formelhafte Vorsatzbildungen, gehen über den Prozess der reinen Entspannung hinaus und werden hier nicht weiter behandelt. Können aber gerade im klinischen und subklinischen Bereich eine gute Ergänzung zu verschiedenen Treatments darstellen (Petermann & Vaitl, 2014).

Die Grundstufe und ihre Durchführung

Die Grundstufe des autogenen Trainings setzt sich aus sechs Übungen zusammen: Der Schwere-, der Wärme-, der Atem-, der Sonnengeflecht bzw. Bauch-, der Herz- und der Stirnübung. Innerhalb der entsprechenden Übungen werden bestimmte Formeln mehrfach mental wiederholt (Petermann & Vaitl, 2014). Tabelle 3 gibt einen Überblick über die Übungen und beispielhafte Formeln:

Tabelle 3. Beispielhafte Formeln der Grundübungen des Autogenen Trainings nach Reschke (2016)

Schwere	Wärme	Atem	Sonnengeflecht	Herz	Stirn
Mein rechter Arm ist ganz schwer.	Mein rechter Arm ist ganz warm.	Mein Atem ist ganz ruhig und gleichmäßig.	Mein Bauch (oder Sonnengeflecht) ist strömend warm.	Mein Herz schlägt ruhig und gleichmäßig.	Meine Stirn ist angenehm kühl.
Mein linkes Bein ist ganz schwer.	Mein linkes Bein ist ganz warm.	Es atmet mich.		Mein Herz ist angenehm warm durchströmt.	Mein Kopf ist klar und leicht.
Beide Arme und Beine sind ganz schwer.	Beide Arme und Beine sind ganz warm.				

Der Wortlaut der Übungen sollte unbedingt beibehalten werden, um bessere Übungseffekte zu erzielen. In einem späteren Stadium der Anwendung können bereits Worte wie „Ruhe" oder „Wärme" ausreichen, um Entspannung zu induzieren.

Die Grundübungen sind eingebettet in die Einleitung, die in der Regel über die sogenannte *Ruhetönung* („Ich bin ganz ruhig.") erfolgt und in den Abschluss, der dazu dient die ganzheitliche Entspannung noch einmal bewusst wahrzunehmen. Er endet mit der Rücknahme (Reschke, 2016).

3.1.2 Wirkmechanismen

Die Autosuggestion während des inneren Sprechens der Formeln, setzt einen Top-Down-Prozess in Gang, bei welchem die psychologische Ebene die physiologische beeinflusst (Reschke, 2016). Hierbei spielt ebenfalls der Carpenter-Effekt eine Rolle (Hoffmann, 2004). Über Lernprozesse kann sich der Entspannungsvorgang langfristig manifestieren. Dies geschieht zum Einen über klassische Konditionierung, insbesondere in der Form des semantischen Konditionierens. Hierbei wird eine Reaktion auf ein Wort oder einen Satz hin trainiert, in dem die Aufmerksamkeit auf die physiologischen Auswirkungen der Entspannung gelenkt und somit an die gleichzeitig gesprochenen Formeln gekoppelt werden. Zum Anderen spielen jedoch ebenso operante Konditionierungsprozesse eine Rolle. Die Entspannungsreaktion kann vor diesem Hintergrund als positiver Verstärker betrachtet werden, ebenso wie das Lob des Anleiters (Kraft, 2014). Da das autogene Training in der Regel in Gruppen unter Anleitung erlernt wird, ist darüber hinaus das Modelllernen als Wirkmechanismus zu nennen. Ebenso wie die Assoziation, da die Übungen durch Sinnbilder aus der eigenen Erfahrung ergänzt werden können. Zum Beispiel das Bild von Sonnenstrahlen auf der Haut bei der Wärmeübung. Weiterhin kommt dem Prozess der Generalisierung eine gewisse Bedeutung zu (Hoffmann, 2004).

Es wird vermutet, dass sich die Entspannungswirkung zunächst auf der körperlichen Ebene manifestiert, woraufhin es zu positiven psychischen Reaktionen kommt, die sich ihrerseits auf der kognitiven, affektiven und der Verhaltensebene widerspiegeln (Petermann & Vaitl, 2014).

3.1.3 Psychologische Effekte

Auf der psychologischen Ebene führt das autogene Training zu Gefühlen körperlicher und geistiger Frische, der Erholung und Deaktivierung. Diese Entspannungsempfindungen werden mit der Zeit immer intensiver erlebt. Das Verfahren kann die Konzentrationsfähigkeit steigern, Kompetenz- und Kontrollüberzeugungen erhöhen und das Selbstkonzept stärken. Langfristig ist sogar die Veränderung habitueller Persönlichkeitsmerkmale möglich. (Petermann & Vaitl, 2014).

14

3.2 Einsatzgebiete

Grundlegende Voraussetzungen zur Durchführung des Autogenen Trainings sind ausreichende Konzentrationsfähigkeit, Ausdauer wie auch die Fähigkeit zur Mitarbeit und sozialem Kontakt (Petermann & Vaitl, 2014).

Das autogene Training kann ab dem Alter von circa 4 Jahren bis ins hohe Alter hinein erlernt werden (Hoffmann, 2004).

Krampen (1998) führt folgende sechs Indikationen für autogenes Training im klinischen Bereich auf: körperliche sowie psychische Erschöpfungszustände und Belastungen, Nervosität und innere Anspannung, Symptome psychophysiologischer Dysregulation, Leistungs- und Verhaltensschwierigkeiten, Belastungen durch Schmerzzustände wie auch Persönlichkeitsprobleme bei der Selbstbestimmung und Selbstkontrolle. Insbesondere bei funktionellen Schlafstörungen, Verhaltensstörungen und -auffälligkeiten sowie neurotischen Störungen ist das autogene Training indiziert (Reschke, 2016). Doch auch bei gesunden Personen kann das autogene Training gewinnbringend eingesetzt werden. Es dient unter diesem Gesichtspunkt der Verbesserung des Allgemeinzustandes sowie der Absenkung der vegetativen Spannung, der Unterstützung bei der Verarbeitung alltäglicher Belastungen, der Vorbeugung negativer Effekte von Entwicklungskrisen oder Problemen sowie der Erhöhung von Selbstwirksamkeitserwartungen (Petermann & Vaitl, 2014).

3.3 Kontraindikation

Ähnlich der progressiven Relaxation existieren nur wenige Kontraindikationen für das autogene Training (Petermann & Vaitl, 2014). Absolute Kontraindikation gilt für das Vorliegen von Zwangsstörungen, dissoziativen Zuständen, Psychosen, medikamentös nicht eingestellter Epilepsie, degenerativen Nervenerkrankungen und geistiger Behinderung (Reschke, 2016). Die Anwendung des autogenes Training sollte bei hysterischen Verhaltensweisen, Persönlichkeitsstörungen, verschiedenen Angsterkrankungen und Atemwegserkrankungen auf absolute oder relative Kontraindikation hin geprüft werden (Hoffmann, 2004; Petermann & Vaitl, 2014, Ruhl et al., 2011).

3.4 Wirksamkeit

Die Anzahl der kontrollierten Studien zum autogenen Training ist niedrig. Darüber hinaus unterscheiden diese sich stark in ihren spezifischen Settings. Stetter und Kupper (2002) fanden in ihrer Metaanalyse, in die 35 randomisierte Kontrollstudien einbezogen wurden, für psychische Störungen hohe Effektstärken (ES: >.80). Bei psychophysiologischen Störungen zeigten sich geringe (ES: .20-.49) bis moderate (ES: .50-.79) Effekte. Sie kamen insgesamt zu dem Ergebnis, dass das autogene Training eine effektive Entspannungsmethode ist, die eine ebenso hohe Wirksamkeit wie andere Entspannungsverfahren beansprucht. Diese Ergebnisse stehen im Gegensatz zu einer vorangegangen Metaanalyse von Grawe et al. (1994), welche sich auf 14 Studien bezieht, die in der Mehrzahl Fallberichte sowie Vorher-Nachher-Vergleiche waren. Sie schlussfolgerten, dass das autogenen Training eine gleichsame bis leicht geringere Wirkung gegenüber anderen Entspannungstechniken aufweise.

4 Progressive Relaxation oder Autogenes Training?

Sowohl progressive Relaxation als auch autogenes Training scheinen sich im Hinblick auf ihre Einsatzgebiete stark zu ähneln. Um abzuwägen, welche Methode in welchem Zusammenhang am ehesten gewählt werden sollte, gibt Tabelle 4 einen ersten vergleichenden Überblick der hervorstechenden Charakteristika beider Verfahren.

Bei der Auswahl des Verfahrens sollten natürlich Indikationen und Kontraindikationen berücksichtigt werden. Darüber hinaus gilt es jedoch ebenso Vorerfahrungen des Gegenübers abzuwägen. Bei negativen Erfahrungen mit körperorientierten Verfahren bzw. guten mit meditativen und imaginativen Techniken oder dem autogenen Training, ist letzterem der Vorrang zu geben. Unter umgekehrten Voraussetzungen der progressiven Muskelentspannung. Auch die Teilnahmemotivation sollte bei der Entscheidung einbezogen werden. Progressive Relaxation ist insbesondere zu empfehlen, wenn die physiologische Entspannung im Vordergrund stehen soll und es um den schnellen Einsatz in herausfordernden oder Krisensituationen geht. Autogenes Training hingegen ist bei Wünschen nach besserer Konzentrationsfähigkeit und psychologischer Entspannung besser geeignet. Doch auch, wenn es darum geht, schnelle Übungen in sozialen Situationen, z.B. auf der Arbeit durchzuführen. Im Hinblick auf Symptombelastungen ist die progressive Relaxation bei innerer Anspannung oder starker Nervosität vorzuziehen. Autogenes Training bei ausgeprägter psychischer sowie körperlicher Erschöpfung oder Schmerzbelastungen. Zu guter Letzt sollte allerdings der Wunsch des potentiellen Anwenders/der potentiellen Anwenderin mindestens genauso stark in die Abwägungen einfließen (Derra, 2017).

Tabelle 4. Vergleich zwischen autogenem Training und progressiver Relaxation (Derra, 2017)

Progressive Relaxation	Autogenes Training
Körperorientierte Übung, Zugang über Willkürmuskulatur	Mentale Übung, Zugang über Konzentration und Vorstellung
Muskulatur wird hochdifferenziert einbezogen (Muskelgruppen)	Muskulatur wird unspezifisch einbezogen (Schwereübung)
Kreislaufphänomene werden nicht oder nur unspezifisch genutzt	Spezifische Entspannungserlebnisse durch gezielten Einsatz von Durchblutungsveränderung (Wärmeübung)
Nicht suggestiv, sondern vornehmlich übend	Autosuggestiv (Konzentrative Selbstentspannung)
Einzelübung benötigt relativ lange Zeit (15-20 Minuten)	Einzelübung benötigt relativ kurze Zeit (3 Minuten)
„Erfolge" meist schon in den ersten Übungen	Relativ lange Zeit bis zu „Übungserfolgen"
Übung in Anwesenheit anderer Personen relativ problematisch	Übung in sozialen Situationen unproblematisch
Transfer in den Alltag erst im fortgeschrittenen Stadium	Transfer in den Alltag wird von Anfang an gezielt geübt
Ziele	
Eng begrenzt: Verbesserung der Entspannung und Selbstkontrolle, „Kultivierung des Muskelsinns"	Individuell sehr unterschiedlich: Von einer Besserung der Entspannungsfähigkeit bis hin zur Veränderung von persönlichen Ressourcen und Fähigkeiten
Ausweitungsmöglichkeiten	
• Mentales Training • Ruhephase am Ende der Übung • Integration in multimodale Therapieprogramme	• Organübungen • Formelhafte Vorsatzbildungen • (meditative) Oberstufe • Tiefenpsychologische Kombination (gestufte Aktiv-hypnose)

5 Fazit

Zusammenfassend lässt sich sagen, dass Entspannung ein wichtiger Bestandteil von primärer, sekundärer und tertiärer Prävention sowie Therapie und Rehabilitation ist. Insbesondere im klinischen Kontext erfolgt sie ergänzend zu anderen Therapiemaßnahmen. Autogenes Training und progressive Muskelentspannung als reine Entspannungstechniken sind wirksam und erzielen verschiedene Entspannungseffekte auf psychologischer und körperlicher Ebene. Die Wahl des Verfahrens sollte verschiedene Faktoren wie Kontraindikationen, Erfahrungen, Ziele und Wünsche des Anwenders/der Anwenderin berücksichtigen.

Literaturverzeichnis

Berking, M. & Rief, W. (Hrsg.). (2012). *Klinische Psychologie und Psychotherapie für Bachelor. Band II: Therapieverfahren*. Berlin, Heidelberg: Springer.

Bernstein, D. A., & Borkovec, T. D. (1973). Progressive relaxation training: A manual for the helping professions.

Derra, C. (2017). *Progressive Relaxation. Neurobiologische Grundlagen und Praxiswissen für Ärzte und Psychologen.*

Berlin: Springer.

Deutsche Gesellschaft für Entspannungsverfahren (Deutsche Gesellschaft für Entspannungsverfahren, Hrsg.). (2015). Leitlinien der DG-E e.V. zur Durchführung von Kursen in Progressiver Relaxation (PR). https://www.dg-e.domainfactory-kunde.de/fileadmin/user_upload/downloads/Leitlinien/PR-RLL_der_DG-EeV.pdf. Zugegriffen: 3. November 2018.

Dorsch, F. (Hrsg.). (1994). *Psychologisches Wörterbuch* (12. Aufl.). Bern: Huber.

Dudenredaktion (Duden online, Hrsg.). (o.J.). autogen. https://www.duden.de/node/651582/revisions/1991772/view. Zugegriffen: 2. November 2018.

Ebert, D. D. & Kowalsky, J. (2012). Entspannungsverfahren. In M. Berking & W. Rief (Hrsg.), *Klinische Psychologie und Psychotherapie für Bachelor. Band II: Therapieverfahren* (Bd.2, S. 107–116). Berlin, Heidelberg: Springer.

Grawe, K., Donati, R. & Bernauer, F. (1994). *Psychotherapie im Wandel. Von der Konfession zur Profession.* Göttingen: Hogrefe.

Hamm, A. (2014). Progressive Muskelentspannung. In F. Petermann & D. Vaitl (Hrsg.), *Entspannungsverfahren. Das Praxishandbuch* (5. Aufl., S. 154–172). Weinheim: Beltz.

Hoffmann, B. H. (2004). *Handbuch Autogenes Training. Kernverfahren der autogenen Therapie : Grundlagen, Technik, Anwendung* (dtv, 14. Aufl.). München: dtv.

Kraft, H. (2014). *Autogenes Training. Grundlagen, Technik, Anwendung* (5. Aufl.). Berlin: Medizinisch Wissenschaftliche Verlagsgesellschaft.

Krampen, G. (1998). *Einführungskurse zum Autogenen Training.* Göttingen: Hogrefe.

Petermann, F. & Vaitl, D. (Hrsg.). (2014). *Entspannungsverfahren. Das Praxishandbuch* (5. Aufl.). Weinheim: Beltz.

Petermann, U. & Pätel, J. (2009). Entspannungsverfahren. In S. Schneider & J. Margraf (Hrsg.), *Band 3: Störungen im Kindes- und Jugendalter* (Lehrbuch der Verhaltenstherapie, Bd. 3, S. 243–254). Heidelberg: Springer Medizin Verlag.

Reschke, K. (2016, Juli). *Autogenes Training. Kursleiterausbildung,* Leipzig.

Ruhl, U., Hach, I. & Wittchen, H.-U. (2011). Entspannungsverfahren. In H.-U. Wittchen & J. Hoyer (Hrsg.), *Klinische Psychologie & Psychotherapie* (Springer-Lehrbuch, 2. Aufl., S. 588–599). Berlin: Springer-Verlag; Springer-Medizin.

Schneider, S. & Margraf, J. (Hrsg.). (2009). *Band 3: Störungen im Kindes- und Jugendalter* (Lehrbuch der Verhaltenstherapie, Bd. 3, 3 Bände). Heidelberg: Springer Medizin Verlag.

Stetter, F. & Kupper, S. (2002). Autogenic training: a meta-analysis of clinical outcome studies. *Applied psychophysiology and biofeedback 27* (1), 45–98.

Wittchen, H.-U. & Hoyer, J. (Hrsg.). (2011). *Klinische Psychologie & Psychotherapie* (Springer-Lehrbuch, 2. Aufl.). Berlin: Springer-Verlag; Springer-Medizin.